# Inhaltsverzeichnis

# So sieht mein Pony aus

Joe und Mike sind **Schecken.** Schecken haben dunkle Flecken im Fell, die verschieden groß sein können. ▶

Tarzan und sein Bruder sind **Rappen.** Rappen erkennt man daran, dass sie immer ganz schwarzes Fell haben. Auch Mähne und Schweif sind schwarz. ▶

Olga ist ein **Falbe.** Falben haben helles, gelbliches Fell. Mähne und Schweif sind meist schwarz. Den dunklen Strich auf dem Rücken nennt man Aalstrich. ▼

◀ Sieht Foxy nicht toll aus? Er ist ein **Fuchs.** Füchse haben rötlichbraunes Fell. Mähne und Schweif haben dieselbe Farbe oder sind heller.

## Aufgepasst!

Alle Pferde mit einem Stockmaß über 1,48 Metern nennt man Großpferde, alle kleineren Ponys.

Bessi ist ein **Schimmel.** Hast du gewusst, dass Schimmel meist dunkel geboren werden? Mit jedem Jahr, das sie älter werden, wird ihr Fell ein bisschen heller. ▶

◀ Toni ist ein **Brauner.** Sein Fell ist braun, Mähne und Schweif sind schwarz.

# So sieht mein Pony aus

Was ist denn das da für eine weiße Stelle auf der Stirn? Ist dir schon aufgefallen, dass die weißen Flecken an einem Pferdekopf ganz unterschiedlich aussehen können? Man nennt sie Abzeichen. Abzeichen gibt es nicht nur am Kopf, sondern auch an den Beinen.

◀ Die **Blesse** reicht von der Stirn bis in die Gegend der Nüstern.

Wenn der weiße Fleck zwischen den Nüstern sitzt, heißt er **Schnippe.**

Ein kleiner weißer Fleck auf der Stirn wird **Flocke** genannt.

Hier läuft das Abzeichen spitz nach unten aus. Das nennt man einen **Keilstern.**

Diese beiden haben zwei weiße Abzeichen an den Beinen.

# So sieht mein Pony aus

Im Winter brauchst du einen dicken Anorak, im Sommer reicht ein T-Shirt. Ein Pferd ist das ganze Jahr richtig angezogen. Im Sommer hat es dünneres, im Winter dickeres Fell. Es hat kurze Haare, lange Haare und noch etwas Besonderes: die Tasthaare.

**Aufgepasst!**

Shetland-Ponys können das ganze Jahr im Freien stehen. Im Winter haben sie ein ganz dickes Fell – das sieht richtig mollig aus.

◀ Das **Winterfell** hat Unterwolle, damit das Pferd nicht friert. Wenn es sehr kalt ist, können die Haare sich aufrichten und schaffen ein wärmendes Luftpolster.

Das **Sommerfell** ist bei den meisten Pferden seidig und glänzend. Es wärmt nicht besonders, trocknet aber schnell. ▶

Die Pferdehaare liegen glatt am Körper an und wachsen in eine ganz bestimmte Richtung. Das ist der **Fellstrich.**

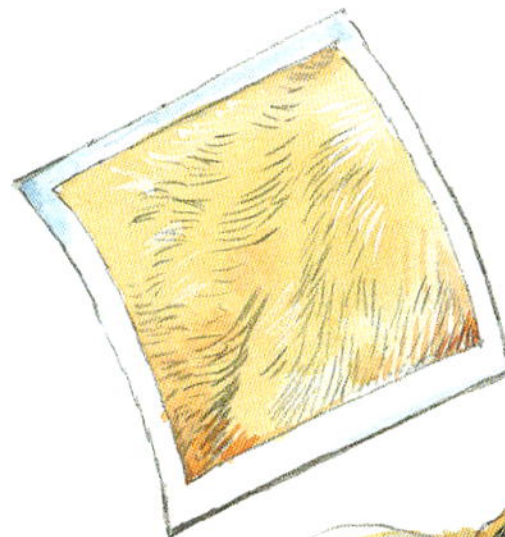

Mähne, Schweif und Stirnschopf werden als **Langhaar** bezeichnet. Es ist ein wichtiger Schutz gegen Fliegen und bei Regen.

Die langen Haare um das Pferdemaul dienen zum Tasten. Man nennt sie deshalb **Tasthaare.**

Längere Haare an den Fesseln werden als **Fesselbehang** bezeichnet. Sie leiten das Wasser ab und schützen die empfindliche Fesselbeuge.

# So sieht mein Pony aus

Ponys gibt es in vielen Rassen und Größen. Siehst du das kleine Shetti mit den lustigen Augen? Und den Haflinger mit der blonden Mähne? Sie sehen ganz verschieden aus, aber sie gehören alle beide zu den Ponys.

Fanny kommt aus England und ist ein **Welsh-Pony.** Es wird in vier verschiedenen Größen gezüchtet. ▼

▲ Das ist Felix, ein **Shetland-Pony.** Von den Shetland-Ponys stammt das kleinste Pony ab: das Falabella Pony.

◀ Lady gehört zur Rasse der **Deutschen Reitponys.** Reitponys sind sehr vielseitig und auch als Turnierponys beliebt.

Tipsy ist ein **Tinker-Pony.** Man erkennt sie an dem lustig gescheckten Fell. Tinker-Ponys gelten als besonders brav. ▶

▲ Ole, das Fjordpferd, stammt aus Norwegen und heißt deshalb auch **Norweger.** Er ist sehr kräftig, seine Mähne und sein Schweif sind zweifarbig – hell und schwarz.

Fürst Enzian ist ein **Haflinger.** Diese Rasse stammt aus Tirol. Haflinger haben immer rotbraunes Fell, eine blonde Mähne und einen blonden Schweif. ▶

# So sieht mein Pony aus

Zum Reitenlernen sind manche Pferde für Kinder zu groß. Wie bei den Ponys gibt es auch bei den Pferden sehr viele verschiedene Rassen. Hier siehst du einige der bekanntesten.

Corso ist ein **Holsteiner.** Er gehört damit zu den **Deutschen Warmblütern,** die bei Turnieren auf der ganzen Welt sehr erfolgreich sind. ▼

◀ Speedy ist ein **Englisches Vollblut.** Das ist eine speziell für Rennprüfungen gezüchtete Rasse.

◀ Herbstfee ist ein **Trakehner.** Trakehner sind eine edle und sehr alte Rasse.

Ali Baba ist ein **Arabisches Vollblut.** Diese Rasse stammt ursprünglich aus der Wüste und ist besonders ausdauernd. ▶

Meike ist ein **Kaltblut.** Alle Kaltblüter haben starke Muskeln. Früher leisteten sie die schwere Arbeit in Feld und Wald. ▼

▲ Magic ist ein **Quarterhorse** und gehört zur Rasse der Westernpferde. Ursprünglich waren dies die Pferde der Cowboys.

# So lebt mein Pony

Gehören Pferde auch zu deinen Lieblingstieren? Möchtest du gerne alles über sie wissen? Wo sie leben und wie sie ihren Tag verbringen? Dann komm mit auf den Reiterhof, denn da gibt es so viel zu entdecken …

◀ Das ist ein Stall mit einem eigenen Auslauf. Dieser Auslauf heißt **Paddock.**

◀ Eine Box mit Blick nach draußen nennt man **Außenbox.**

▲ Hier siehst du, wie die Kinder mit dem **Hofhund** spielen. Er bewacht Menschen und Pferde auf dem Reiterhof.

Auf der **Weide** können Pferde grasen. Gesellschaft und Bewegung mögen sie gerne.

Reiten kann man auf dem **Außenreitplatz** oder in der Halle. Wenn es regnet, sind Pferd und Reiter in der **Halle** schön im Trockenen.

# So lebt mein Pony

Auf der Weide fühlen Pferde sich am wohlsten. Je mehr Licht, frische Luft und Pferdegesellschaft, desto besser! Pferde sind nämlich Herdentiere. Und sie sind Lauftiere. Auf der Weide haben sie genügend Platz, um sich zu bewegen.

**Aufgepasst!**

Wenn du Pferde auf der Weide beim Toben beobachtest, kannst du sehen, wie sehr sie es genießen, frei laufen zu können.

Das ist ein **Offenstall. Robustpferde,** besonders widerstandsfähige Pferde, leben hier das ganze Jahr und haben immer Bewegung und frische Luft.

In einem Stall mit **Paddock** können Pferde auch Kontakt zu ihren Nachbarn aufnehmen.

# So lebt mein Pony

◀ Die **Außenbox** ist ein Zimmer mit Ausblick. Und frische Luft gibt es auch.

## Aufgepasst!

Das haben Pferde besonders gern: Den ganzen Stall voll mit frischem Stroh. Hmm, riecht das gut!

Ein Pferd braucht immer einen **Salzleckstein,** damit es gesund bleibt. ▶

◀ Der **Futtertrog** muss immer sauber sein. Übrig gebliebenes Futter wird entfernt. So wird das Pferd nicht durch verdorbene Futterreste krank.

Die Box sollte jeden Tag ein- bis zweimal ausgemistet und, falls nötig, frisch mit Stroh eingestreut werden. Während dieser Zeit steht das Pferd draußen. Denn beim Arbeiten in der Box wird viel Staub aufgewirbelt, und davon kann ein Pferd krank werden.

# So lebt mein Pony

◀ Zum **Misten** braucht man eine Schubkarre und eine Mistgabel.

## Aufgepasst!

Eine saubere und trockene Box ist wichtig für gesunde Hufe.

Mit der **Mistgabel** werden die Pferdeäpfel aufgesammelt. Dann wird das nasse Stroh entfernt. ▶

Mit der Schubkarre werden das verschmutzte Stroh und die Pferdeäpfel zum **Misthaufen** gefahren.

In der **Scheune** wird frisches Stroh mit der Gabel aufgeladen.

# So lebt mein Pony

◀ Jetzt wird das Stroh in die Box **eingestreut.** Man muss auch kontrollieren, ob die Tränke funktioniert und der Futtertrog sauber ist.

Zum Schluss wird noch die **Stallgasse** gefegt. ▶

Warst du schon einmal in einer Reithalle und hast dort dem Unterricht zugeschaut? Würdest du gerne wissen, was die Reitschüler alles lernen? Und welche drei Gangarten der Pferde es gibt? Dann komm mit!

# So lebt mein Pony

◀ Bevor man in die Halle geht, ruft man: **„Tür frei?“** So vermeidet man, die anderen Reiter zu stören. Wenn aus der Halle die Antwort kommt „Tür ist frei!“, darf man mit dem Pferd die Halle betreten.

Wenn ein Reiter in einem festen Takt immer wieder aus dem Sattel aufsteht, dann heißt das **Leichttraben.** Wenn man während des Trabs sitzen bleibt, heißt das **Aussitzen.** ▼

▲ Das ist die schnellste Gangart: der **Galopp.**

Dieses Pferd geht im **Schritt,** der langsamsten Gangart. Es läuft an einer langen Leine, der **Longe.** So fühlt man sich als Anfänger sicherer. Wichtig ist es, aufrecht zu sitzen und die Fersen tief zu halten. ▶

▲ Die **Reithalle** ist groß und hell. In dem Spiegel an der Wand können die Reiter ihre Körperhaltung auf dem Pferd kontrollieren.

# So lebt mein Pony

Auf einem Reiterhof begegnest du natürlich nicht nur Pferden und anderen Tieren, sondern auch vielen Menschen. Was tun sie alle hier?

**Aufgepasst!**

Zu zweit kann man sich ein Pferd eher leisten.

▲ Der **Reitlehrer** unterrichtet einen Reitschüler. Er führt das Pferd an einer langen Leine. So fängt jeder an, der reiten lernen will.

Der **Pferdepfleger** macht die Boxen sauber und füttert die Pferde. ▼

Diese beiden pflegen und reiten ein Pferd gemeinsam. Sie teilen sich auch die Kosten dafür. Das nennt man **Reitbeteiligung.** ▼

▲ Dieses **Pflegemädchen** darf das Pferd pflegen, weil der Besitzer zum Beispiel selbst nicht genügend Zeit hat.

# So lebt mein Pony

◀ Der **Hufschmied** fehlt auf keinem Reiterhof. Er kommt regelmäßig, um die Hufe der Pferde und Ponys zu pflegen. Manche bekommen auch neue Hufeisen.

Würdest du nun gerne wissen, wie ein Tag im Leben eines Pferdes aussieht? Das hängt natürlich von seinem Alter ab und wie es untergebracht ist. Wichtig für alle Pferde ist, dass sie

Auch dem **Tierarzt** begegnet man auf dem Reiterhof. Er kommt sofort, wenn ein Pferd krank ist. ▶

Die **Reitanfänger** sitzen nicht nur auf dem Pferd. Der Reitlehrer erklärt ihnen noch viele Sachen rund ums Pferd – das ist dann fast wie in der Schule. ▶

einen geregelten Tagesablauf haben. Sie mögen es, wenn sie immer zur selben Zeit ihr Futter bekommen, auf die Weide dürfen oder geputzt werden. Pferde sind eben Gewohnheitstiere.

# So lebt mein Pony

Endlich Frühstück!
Es gibt Heu, Kraftfutter,
Mineralfutter und ein
paar Äpfel. ▶

▲ Die Pferde dürfen auf die
Weide. Grasen, spielen, sich
wälzen – das ist herrlich! In
der Zwischenzeit werden die
Boxen ausgemistet.

▲ Die Reitstunde naht. Die Pferde werden geputzt und gesattelt. Von 15 bis 17 Uhr bewegen sie sich im Reitunterricht.

Nach der Reitstunde wird abgesattelt. Nun wird das verklebte Fell aufgebürstet, die Hufe werden erneut ausgekratzt, damit sich auch nicht das kleinste Steinchen festsetzen kann. ▶

# So lebt mein Pony

Um 19 Uhr ist es Zeit zum Abendfressen. Jetzt gibt es besonders viel Heu, damit die Pferde bis zum nächsten Morgen genug zu knabbern haben. ▼

**Aufgepasst!**

Pferde wollen jeden Tag raus aus der Box und sich bewegen. Es sind Lauftiere.

Es ist Ruhe eingekehrt im Stall. Die Pferde dösen vor sich hin. Dazu können sie auf nur drei Beinen stehen – ein Hinterbein knicken sie ein und entlasten es damit. Manche liegen auch im Stroh, schlafen und träumen – vielleicht von dir? ▶

Hmm, so ein Butterbrot mit Schinken schmeckt gut. Für ein Pferd wäre das viel zu wenig. Und Butter und Schinken mag es natürlich überhaupt nicht, schließlich sind Pferde Pflanzenfresser. Weißt du eigentlich, was Pferde zu fressen bekommen?

# So pflege ich mein Pony

Normalerweise werden Pferde zweimal am Tag gefüttert. Die Art und die Menge des Futters hängen davon ab, wie viel das Pferd körperlich leistet.

**Kraftfutter** braucht ein Pferd, wenn es sich körperlich anstrengt. Daher wird Getreide auch als Kraftfutter bezeichnet.

Frisches Gras, oder getrocknet als Heu, wird auch **Grundfutter** genannt. Davon brauchen Pferde eine ganze Menge.

**Rezept für das leckerste Pferdeleckerli**

Zutaten:
200 Gramm Vollkornweizenmehl oder Weizenschrot
250 Gramm Zuckerrübensirup
150 Gramm Haferflocken
2 Esslöffel Wasser

Vermische alle Zutaten und knete sie ganz fest durch. Dann nimm immer ein kleines Stück von der Masse und forme runde Plätzchen. Anschließend legst du sie auf ein Backblech mit Backpapier. Bei 180 Grad (im Elektroherd) sind die Plätzchen in etwa zehn Minuten fertig! Und schon hast du die leckersten Pferdeleckerli!

Statt reinem Hafer gibt es auch fertige Kraftfuttermischungen. Diese Mischung heißt **Müsli.** ▼

▲ **Äpfel und Karotten** sind gesund. Füttere sie mit der flachen Hand. Damit das Pferd rundum versorgt ist, bekommt es noch **Mineralfutter.**

**Aufgepasst!**

Pferdeleckerlis kann man kaufen oder selber backen.

# So pflege ich mein Pony

Es genügt nicht nur, das Fell von außen gut zu pflegen. Wichtig ist auch die „Pflege von innen“. Dazu gehört eine gesunde Ernährung mit allem, was das Pferd braucht. Du kannst viel dafür tun, dass dein Pferd gesund und schön aussieht!

Dieses Pferd sieht **krank** aus. Es ist dünn und sein Fell glänzt nicht. Vielleicht bekommt es nicht das richtige Futter? ▼

Das wichtigste Futter ist gutes Heu oder das Gras auf der Wiese. Davon fressen Pferde jeden Tag mehrere Kilo. **Raufutter,** also Gras, Heu oder auch Stroh, braucht das Pferd für eine gesunde Verdauung. ▶

Ein Pferd braucht immer sauberes **Trinkwasser.** Wie viel es trinkt, hängt von seiner Größe, dem Wetter und davon ab, ob es sich angestrengt hat. ▼

▲ Das Fohlen bekommt in den ersten Wochen mit der **Muttermilch** alles, was es braucht. In der Milch sind auch Abwehrstoffe enthalten. Sie schützen das Fohlen vor Krankheiten.

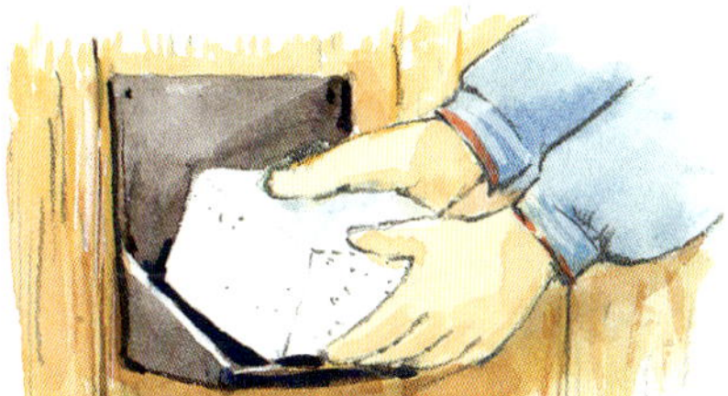

▲ Ein Pferd bekommt über die Nahrung nicht genügend Salz. Daher braucht es einen **Salzleckstein,** damit es gesund bleibt.

◀ **Kraftfutter** wie zum Beispiel Hafer braucht ein Pferd nur, wenn es körperlich viel leistet. Äpfel und Möhren mag es immer. Für den Fellwechsel schwören erfahrene Pferdehalter auf ein wenig Pflanzenöl im Futter.

# So pflege ich mein Pony

Zum Putzen holst du das Pferd immer zuerst aus der Box. Du kannst aber nicht einfach die Tür aufmachen und „Komm mit!“ sagen. Du brauchst ein Halfter und einen Strick zum Führen.

Sprich das Pferd freundlich an und sei nicht grob, wenn du ihm das **Halfter** überstreifst. Besonders auf die Ohren musst du aufpassen, viele Pferde sind hier empfindlich. ▶

◀ Das ist ein **Sicherheits-Anbindeknoten.** Lass ihn dir von einem Erwachsenen zeigen. Im Notfall musst du nur einmal kurz ziehen – schon ist dein Pferd frei.

Pferde sind Fluchttiere und erschrecken ziemlich leicht. Dieser sogenannte **Panikhaken** löst sich im Notfall von selbst. ▶

# So pflege ich mein Pony

Kommst du von **schräg vorne,** dann kann dich das Pferd am besten sehen. Sprichst du es dabei an, wird es nicht vor dir erschrecken. ▼

Wenn du direkt von hinten kommst, sieht dich das Pferd nicht! Es kann **erschrecken** und austreten. Wenn du schnell läufst, erschrickt es noch mehr! ▼

▼ Pass auf! Pferde können auch **zur Seite springen,** wenn sie sich erschrecken.

## Aufgepasst!

Manche Ponys kann so leicht nichts erschrecken. Aber alle möchten immer gerne sehen, woher ein Geräusch kommt.

▲ Vorsicht! Manche Pferde können **ausschlagen,** wenn ein anderes Pferd ihnen zu nahe kommt.

Wenn ein Pferd die **Ohren anlegt,** ist das ein Warnzeichen. Vielleicht verteidigt es das Futter oder sein Fohlen? Halte Abstand, es könnte beißen! ▼

▲ Der sicherste Platz ist dicht neben der **Pferdeschulter.** Wenn du aber während des Putzens mit dem Pferd sprichst, wird es immer wissen, wo du bist!

# So pflege ich mein Pony

◀ Beim **Führen** darfst du dir den Strick nicht um die Hand wickeln. Wenn das Pferd plötzlich losstürmt, wirst du sonst hinterhergezogen.

Dieses Pferd ist zu tief und **zu lang angebunden.** Es hat sich mit dem Kopf unter dem Strick verheddert. Es könnte sich auch mit dem Bein verhaken. ▶

◀ So ist es richtig: Das Pferd ist in **Schulterhöhe** angebunden. Damit steht es während des Putzens und Sattelns sicher.

Hier pflegt ein Pferd sein Fell auf natürliche Weise. Wozu also noch putzen? Aber wenn ein Pferd geritten wird, gelten eben andere Regeln als in der Natur. Dreck und Sand zwischen Haut und Sattel würden zum Beispiel für wunde Stellen sorgen. Also müssen Pferde geputzt werden – aber womit?

# So pflege ich mein Pony

◀ Praktisch ist ein **Putzkasten** mit Deckel, in dem alle Putzmaterialien aufbewahrt werden. Am besten schreibst du den Namen deines Pferdes noch darauf. Dann gibt es keine Verwechslungen.

Die **Wurzelbürste** ist vielseitig einsetzbar. Mit ihr kann man zum Beispiel die Hufe sauberbürsten. ▼

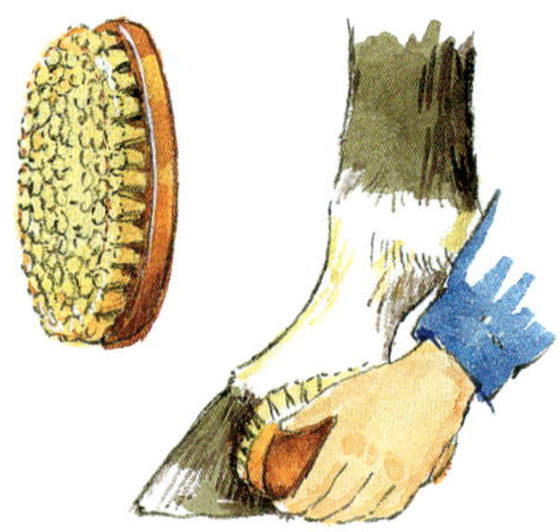

▲ **Gummi- und Nadelstriegel** sind für den groben Schmutz gedacht.

Mit dem **Putzhandschuh** kann man ein Pferd pflegen und gleichzeitig massieren. Das ist ein Genuss! ▶

## Aufgepasst!

Pferde, die das ganze Jahr draußen leben, brauchen eine Fett- und Staubschicht gegen schlechtes Wetter. Daher sollte man sie nicht zu viel putzen.

▲ Der **Hufkratzer** holt den Dreck aus den Hufen. Praktisch, wenn er noch eine kleine Bürste hat. Dann kann man die Hufe gleich mit ausbürsten.

Die **Kardätsche,** die große Putzbürste, holt Dreck und Staub aus dem Pferdefell. Man kann sie auch für die Beine benutzen. ▶

Diese **Bürste** hat weiche Borsten. Sanft reinigt sie die empfindliche Kopfpartie und die Ohren. ▼

Zwei **Schwämme:** Einer ist für die Nüstern, einer für den Po. Um sie nicht zu verwechseln, sollten sie verschiedene Farben haben. ▼

▲ Mit dem **Mähnenkamm** werden die Haare vorsichtig entwirrt. Achtung – nicht reißen!

# So pflege ich mein Pony

Ein Pferd zu putzen heißt nicht nur, dass es am Ende sauber ist. Beim Putzen bist du deinem Pferd nahe, es hört deine Stimme. So lernt ihr euch immer besser kennen – und damit auch vertrauen.

Hier siehst du, an welchen Stellen ein Pferd **empfindlich** ist. Dort musst du besonders vorsichtig bürsten, um ihm nicht wehzutun. ▼

Beim Putzen kannst du den Körper des Pferdes ganz genau **kennenlernen.** Pass auf! Manche Pferde sind kitzlig. Sie können zwicken und schlagen. ▼

# So pflege ich mein Pony

Wenn ein Pferd sich auf der Weide so richtig im Schlamm gewälzt hat, wird der trockene Schmutz mit einer **gröberen Bürste** entfernt.

Danach wird mit der feineren **Kardätsche** der restliche Staub aus dem Fell gebürstet. Geputzt wird immer mit dem Fellstrich.

Nach ein paar Strichen ist die Kardätsche voller Staub und Haare. Sie wird am **Striegel** abgestreift und der Striegel dann ausgeklopft.

Du ziehst deine Schuhe abends aus, oder? Ein Pferd behält seine Hufeisen jedoch an. Wozu braucht es sie eigentlich? Sie schützen den Huf beim Reiten, damit sich das Horn nicht zu sehr abläuft. Im Winter, wenn weniger geritten wird, tragen manche Pferde dann keinen Hufschutz.

◀ Zum Schluss wird der Pferdekopf mit einer **weichen Bürste** geputzt. Auch hier darf kein Dreck zurückbleiben, damit die Trense nicht scheuert.

# So pflege ich mein Pony

◀ Streich mit der Hand innen am Bein entlang und sag **„Huf“** oder **„Fuß“.** Die meisten Pferde geben dann freiwillig den Huf.

Der Huf muss sorgfältig gepflegt werden. Wenn Pferde wie hier keine Hufeisen tragen, dann laufen sie barfuß. ▼

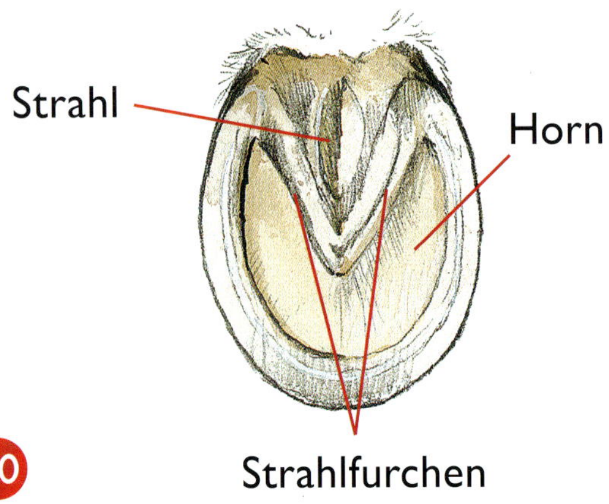

▲ Ab und zu werden die Hufe eingefettet. Zu viel **Huffett** kann jedoch die feinen Poren des Hufhorns verstopfen.

Der Huf wird entlang der **Strahlfurchen** ausgekratzt. Lass danach den Huf nicht einfach auf die empfindliche Spitze fallen, sondern setze ihn vorsichtig wieder ab. ▼

Dreck, Mist und Steine werden in Pfeilrichtung entfernt. Der **Strahl** wird ausgespart. ▼

## Aufgepasst!

Pass mit dem Hufauskratzer auf, denn am Strahl ist das Pferd besonders empfindlich.

Hufe wachsen ständig nach. Etwa alle acht Wochen kommt der **Hufschmied.** Er raspelt die Hufe und erneuert eventuell die Hufeisen. Er kontrolliert auch, ob die Hufe gesund sind. ▶

# So pflege ich mein Pony

Das Fell ist sauber, die Hufe sind ausgekratzt. Aber so richtig gepflegt sieht das Pferd immer noch nicht aus, oder? Kein Wunder, denn Mähne und Schweif, das Langhaar, sind noch nicht in Ordnung gebracht. Und wie geht das?

▲ Erst wird die **Mähne,** dann der Schopf gekämmt. Wenn man nicht grob mit dem Kamm an den Haaren zieht, senkt das Pferd dafür gerne von selbst den Kopf.

◀ Beim Schweif muss jede Strähne vorsichtig mit den Händen geordnet werden, damit die Haare nicht ausreißen. Man nennt das **„den Schweif verlesen“.**

◀ Mit dem roten Schwamm werden vorsichtig Nüstern und Augenpartie ausgewischt.

Der blaue Schwamm ist für das Hinterteil. ▼

▲ Reicht der Schweif fast bis zum Boden, ist der Griff zur Schere erlaubt. Die Haare werden etwa eine **Handbreit über dem Fesselkopf** abgeschnitten.

Du kannst auch mit einer Schablone ein **Muster** auf die Kruppe zaubern. Einfach mit einer angefeuchteten Bürste gegen den Haarstrich über die Schablone bürsten – fertig! ▼

# So sattel ich mein Pony

Ihr habt euch für einen Reiterhof entschieden. Endlich darfst du Reitunterricht nehmen. Gut, dass du auch noch Geburtstag hast! Jetzt hast du einen Gutschein für die ersten Reitstunden und einen eigenen Helm geschenkt bekommen. Und was brauchst du sonst noch?

Eine **Sicherheitsweste** schützt den empfindlichen Oberkörper bei einem Sturz. Sie ist ganz leicht. Beim Reiten spürst du sie kaum. ▶

◀ Das Wichtigste ist der **Reithelm!** Er ist aus schlagfestem Material und schützt deinen Kopf, falls du einmal runterfällst.

◀ **Reithandschuhe** schützen deine Hände vor Scheuerstellen durch die Zügel. Sie sind dort, wo die Zügel laufen, verstärkt.

▲ **Reitstiefel** aus Leder sind teuer, Stiefel aus Gummi lassen sich schnell sauber machen. Aber du kannst auch Stiefeletten tragen. Dazu gehört eine Reithose mit langem Lederbesatz.

Eine **Reithose** hat innen am Bein keine Naht, damit beim Reiten nichts scheuert. Sie hat einen Besatz aus Wildleder oder ähnlichem Material, der dir Halt gibt. ▶

# So sattel ich mein Pony

Hast du schon einmal Pferd gespielt? Dazu braucht man nur ein Seil. Dein Pferd benötigt allerdings ein wenig mehr Ausrüstung für die Reitstunde. Sattel und Trense kennst du sicher. Aber es gibt noch andere nützliche Dinge – schau mal!

▲ Das **Trensengebiss** liegt im Maul. Mit den Zügeln kannst du Kontakt zum Pferdemaul aufnehmen. Es ist sehr empfindlich. Zieh deshalb nie grob an den Zügeln!

Die **Trense** sitzt am Kopf des Pferdes. Am Trensengebiss sind die Zügel befestigt. ▼

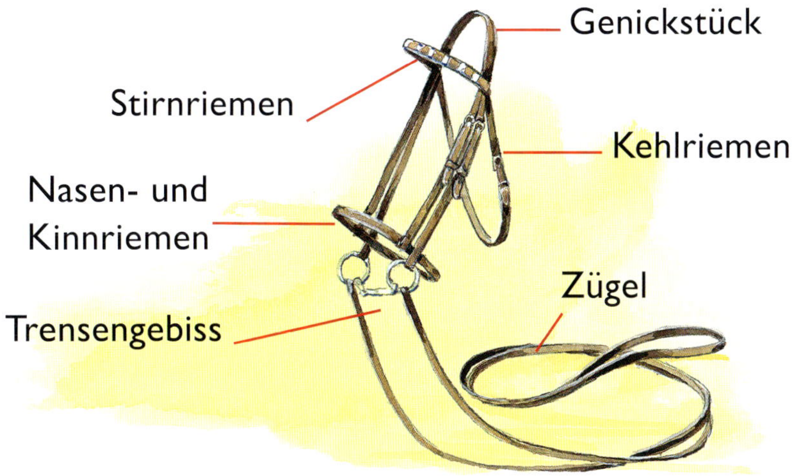


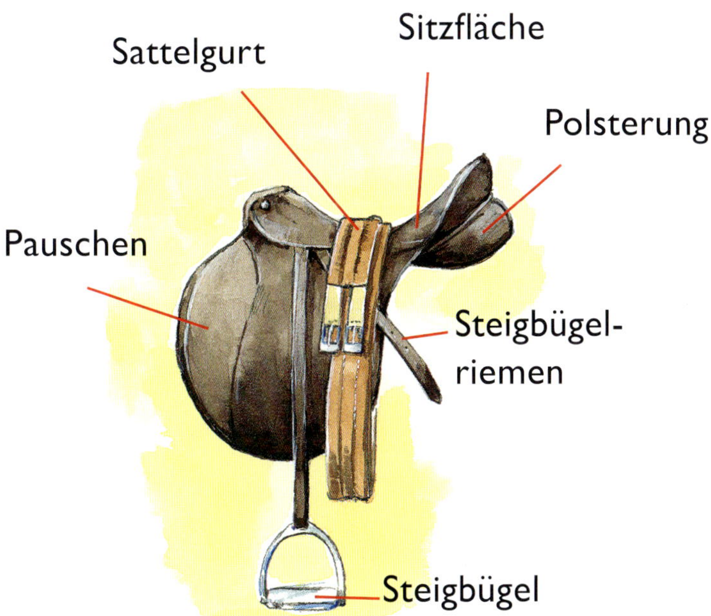


◀ Der **Sattel** gibt dir Halt auf dem Pferderücken. Er muss in der Größe zu dir und deinem Pferd passen.

# So sattel ich mein Pony

**Aufgepasst!**

Gehe immer sorgsam mit der Ausrüstung um. Vor allem Sattel und Trense sind sehr teuer.

◀ Die **Satteldecke** schützt den wertvollen Sattel vor Schweiß und Staub. Sie kommt regelmäßig in die Waschmaschine, damit sie immer sauber auf dem Pferderücken liegt!

Bandagen und **Gamaschen** schützen die Pferdebeine vor Verletzungen. ▼

So viele Ausrüstungsteile! Fragst du dich, wie das alles jetzt richtig aufs Pferd kommt? Keine Angst, auch das Satteln gehört zum Reitunterricht. Deine Reitlehrerin wird es dir genau erklären und aufpassen, dass du nichts falsch machst.

# So sattel ich mein Pony

Vor dem Satteln kommt das **Putzen!** Es darf weder Sand noch Dreck im Fell sein, sonst kann es unter dem Sattel Scheuerstellen geben. ▶

◀ Der Sattel wird am Halsansatz, dem **Widerrist,** aufgelegt und dann ein Stückchen nach hinten geschoben. So liegt das Fell unter dem Sattel richtig.

Der **Sattelgurt** muss richtig fest sitzen, damit er später beim Reiten nicht rutscht. Die Lederriemen mit den Löchern unter dem Sattelblatt nennt man **Strupfen.** ▶

## Aufgepasst!

Pass auf, wenn du den Sattelgurt festziehst. Manche Pferde sind kitzelig und mögen das nicht gerne.

◀ So kann man die richtige Länge der **Steigbügel** messen: Sie sollten etwa so lang wie dein ausgestreckter Arm sein. Du kannst sie ganz leicht kürzer oder länger schnallen.

Die Steigbügel sollten immer dann, wenn du nicht auf dem Pferd sitzt, **hochgezogen** sein. Sie können sich sonst leicht verhaken. Und das ist gefährlich! ▶

# So sattel ich mein Pony

Das Pferd ist geputzt und gesattelt. Aber jetzt kommt der schwierigste Teil: Die Trense mit all ihren Riemen und dem Gebiss muss richtig angelegt werden. Dazu braucht man Übung, bis alles klappt. Lass dir die ersten Male von einem erfahreneren Reiter dabei helfen. ▶

Ein braves Pferd nimmt das **Gebiss** von selbst ins Maul, wenn du es ihm vorsichtig hinhältst. Wenn nicht, kannst du ihm den Daumen in die Maulspalte schieben. Die meisten Pferde öffnen dann das Maul. ▶

▲ Zuerst wird das **Halfter** ausgezogen. Häng es auf, wirf es nicht auf den Boden! Leg den Zügel über den Hals, damit dein Pferd nicht wegläuft.

◀ Die Trense wird sanft über die Ohren gestreift. Sitzt das **Genickstück** gut? Dann hast du den schwierigsten Teil geschafft!

Als nächstes schließt du den **Kinn- oder Nasenriemen.** Wenn noch zwei Finger Platz haben, sitzt er genau richtig. ▶

◀ Der **Kehlriemen** darf nicht zu stramm angezogen sein. Eine Hand sollte zwischen Kopf und Kehlriemen noch Platz haben.

## Aufgepasst!

Am Anfang wusste ich gar nicht wohin mit all den Riemen. Aber wenn man es ein paar Mal gemacht hat, ist es ganz einfach.

Nun ist dein Pferd korrekt aufgezäumt. Du musst nur noch die Schopfhaare unter dem **Stirnriemen** hervorholen. ▼

▶ Jetzt kannst du dein Pferd in die Reitbahn führen. Nimm beim **Führen** immer beide Zügel. So reißt du deinem Pferd nicht im Maul und hast es trotzdem sicher im Griff.

# So lerne ich reiten

Träumst du davon, endlich einmal auf einem Pferd zu sitzen? Über weiche Waldwege zu traben oder über eine Wiese zu galoppieren? Aber halt – dazu musst du erst reiten lernen. Am besten in einer Reitschule. Komm, dort gehen wir jetzt gemeinsam hin!

Ein schöner Reiterhof! Alles sieht sehr gepflegt aus. Einige der **Schulpferde** haben frei und grasen auf der Weide. ▼

▲ Vor dem Reiten musst du dein Pferd gründlich **putzen.** Die erfahreneren Kinder zeigen dir gerne, wie es geht.

Ist der **Reiterhof** zu empfehlen? Fragt das jemanden, der schon länger hierher kommt. Diese Mutter und die nette Reiterin sind sehr zufrieden. ▼

▲ In der **Sattelkammer** herrschen Sauberkeit und Ordnung. An den Namenschildern erkennt man, zu welchem Pferd Sattel und Trense gehören.

Auf dem Außenreitplatz findet eine Reitstunde statt. Die **Reitlehrerin** steht in der Mitte und unterrichtet die Schüler. Bald gehörst auch du dazu! ▶

# So lerne ich reiten

Jetzt darfst du zum ersten Mal auf einem Pferd sitzen. Das Aufsteigen ist etwas ganz anderes, als sich aufs Fahrrad zu schwingen. Gar nicht so einfach, den Fuß in den Steigbügel zu bekommen! Aber keine Sorge: Auch das klappt nach einigen Reitstunden wie von selbst.

Vor dem Aufsteigen prüft die Reitlehrerin, ob der Sattelgurt fest genug sitzt. Die Steigbügel werden heruntergezogen. ▼

▲ Beim Aufsteigen stehst du links neben dem Pferd und schaust Richtung Pferdeschweif. Den linken Fuß setzt du in den Steigbügel.

▲ Nun hältst du dich mit der rechten Hand hinten am Sattel fest, holst mit dem rechten Bein Schwung und ziehst dich hoch.

▲ Führe das Bein nun über den Pferderücken. Pass auf, dass du dein Pferd dabei nicht berührst. Es könnte erschrecken und loslaufen!

In vielen Reitschulen gibt es eine **Aufsteigehilfe.** Hier ist es ein Holzblock mit Stufen. Damit wird der Rücken von Pferd und Reiter geschont. ▼

Sehr gut! Du hast dich weich in den Sattel gleiten lassen und bist deinem Pferd nicht in den Rücken geplumpst. Nun kann es losgehen! ▼

# So lerne ich reiten

Uuiih – ein wenig seltsam ist es schon, wenn man zum ersten Mal auf dem Pferd sitzt. Es ist so hoch, und alles unter einem bewegt sich! Gut, dass du dich an der Longe erst einmal nur mit deiner Körperhaltung beschäftigen kannst. Die nette Reitlehrerin hilft dir dabei.

▲ An der Longe kannst du dich ganz auf dich und die Bewegungen des Pferdes konzentrieren. Du brauchst dich um die Zügel noch nicht zu kümmern.

◀ Klar, dass du dich am Anfang unsicher fühlst. An dem Riemchen vorne am Sattel kannst du dich festhalten, wenn dir mal ein bisschen mulmig wird.

## Aufgepasst!

Für mich ist das immer wieder der schönste Moment – endlich aufsteigen! Und endlich auf dem Pferd sitzen!

Versuche immer, in der Mitte des Sattels zu sitzen, um im Gleichgewicht zu bleiben. ▼

◀ Zunächst werden die Steigbügel übergeschlagen. So kannst du dein Gleichgewicht trainieren und deine Fußgelenke verkrampfen nicht.

# So lerne ich reiten

◀ Die erste Longenstunde ist zu Ende. Nun hast du bestimmt noch viele Fragen. Die Reitlehrerin kann sie dir alle beantworten. Dabei lernst du eine ganze Menge!

Schon bald darfst du einige Übungen machen. Das Pferd geht dabei immer im Schritt. Traust du dich, die Arme zur Seite zu strecken? ▼

**Aufgepasst!**

Stundenlang könnte ich im Schritt spazieren reiten. Da sitze ich so gemütlich wie in einem Schaukelstuhl.

So gemütlich kannst du dich natürlich nicht im Sattel lümmeln. Hier ist die Körperhaltung ganz wichtig. Mit deinem Körper sagst du deinem Pferd, was es machen soll. Du gibst ihm Signale. Die richtige Haltung, man sagt auch den richtigen „Sitz“, lernst du durch fleißiges Üben!

# So lerne ich reiten

◀ So ist es richtig. Schulter, Hüfte und Ferse sollen immer etwa eine **senkrechte Linie** bilden.

So besser nicht! Die Knie sind hochgezogen, der Reiter sitzt nicht im Gleichgewicht. Dieser Sitz heißt **Stuhlsitz.** ▶

**„Fersen tief!** Fußspitze nach vorn!" Das wirst du am Anfang oft hören. Durch die tiefe Ferse bleibt dein Knie am Sattel. Du hast mehr Halt und kannst mit der Wade dein Pferd gut treiben. ▶

## Aufgepasst!

Ich bin so stolz, wenn ich auf einem Pferd sitze! Deswegen sitze ich ganz von selbst immer gerade.

Ein Merkspruch lautet: Reite stolz wie eine Königin! Halte den **Kopf gerade.** Schau am besten zwischen den Pferdeohren hindurch.

Die **Oberarme** sind am Körper **angelegt.** Die Ellenbogen sollen nicht abstehen. Wichtig ist, dass du locker bleibst.

Die richtige **Zügelhaltung** verläuft zwischen Daumen und Zeigefinger und zwischen Ringfinger und kleinem Finger.

# So lerne ich reiten

Beim Tanzen müssen beide Partner im Takt bleiben, sonst tritt vielleicht einer dem anderen auf die Füße. Beim Reiten müssen sich Pferd und Reiter in drei unterschiedlich schnellen Gangarten im Gleichklang bewegen. Bisher ist dein Pferd an der Longe nur im Schritt gegangen: Jetzt kommen Trab und Galopp dazu.

Im **Schritt** hast du dich mit deinem Pferd schon vertraut gemacht. Du kannst seinen Körperbewegungen gut folgen. Der Schritt ist eine Gangart im Viertakt. ▼

Der **Trab** ist eine schwungvolle Gangart im Zweitakt. In der Schwebephase sind für einen kurzen Moment alle vier Pferdebeine in der Luft. Am Anfang wirst du beim Trab ziemlich durchgeschüttelt. ▶

# So lerne ich reiten

Der **Galopp** ist die schnellste Gangart. Im Dreitakt und mit viel Schwung sitzt es sich leichter als im Trab. Du kannst dich am Sattelriemchen festhalten, um dich an die Geschwindigkeit zu gewöhnen. ▼

▲ Das **Leichttraben** ist angenehmer. Bei jedem zweiten Tritt stehst du im Sattel auf und setzt dich wieder hin. Du stehst auf, wenn das äußere Bein des Pferdes nach vorne geht.

Kennst du „Stille Post“? Ein Kind flüstert einem anderen ein Wort ins Ohr. Jeder flüstert es weiter. Was kommt am Ende dabei heraus? Selten das Anfangswort, denn jeder versteht es ein bisschen anders. Beim Reiten muss dein Pferd dich jedoch ganz genau verstehen. Du sprichst mit ihm über die sogenannten Hilfen.

**Aufgepasst!**

Ich galoppiere am liebsten durchs Gelände. Je schneller, desto schöner!

▲ Das Wort **Hilfen** kommt von „helfen". Körper und Stimme helfen dir, dich mit deinem Pferd zu unterhalten. Soll es traben? Oder vielleicht anhalten? Wichtig ist: Alle Hilfen wirken zusammen.

**Schenkelhilfen:** Ober- und Unterschenkel liegen ruhig am Pferdekörper und geben dem Pferd Signale. So kannst du antraben, angaloppieren oder die Richtung ändern. ▼

◀ „Sitz schwer im Sattel!" Mit Hilfe deines Körpers kannst du deinem Pferd zum Beispiel sagen, dass es langsamer gehen soll. Das ist eine **Gewichtshilfe.**

◀ **Zügelhilfen:** Mit dem Zügel hast du Kontakt zum Pferdemaul. Vielleicht willst du die Richtung ändern? Oder anhalten? Setz dich schwer in den Sattel und nimm die Zügel etwas kürzer.

## Aufgepasst!

Ein Pferd wird dich nie mit Absicht falsch verstehen. Also habe Geduld, bis die Hilfen funktionieren.

Wie soll man sich das alles bloß merken? Keine Sorge, mit regelmäßigem Üben klappt das bald ganz gut! ▼

▲ „Braaav!", „Haalt!" oder ein aufmunterndes Schnalzen: Diese **Stimmhilfen** hört ein Pferd mit seinen feinen Ohren sofort. Es freut sich auch über ein Lob!

# So lerne ich reiten

Reiten lernen kann ganz schön anstrengend sein! Und manchmal gibt es auch ein bisschen Muskelkater – wie nach einer Sportstunde. Dann helfen dir ein paar Lockerungsübungen auf dem Pferderücken. Damit fühlst du dich sicherer und verbesserst dein Gleichgewicht. Probier's doch mal aus!

## Aufgepasst!

Übungen wie „Äpfel pflücken" machen Spaß. Vor allem, wenn man sich dabei echte Äpfel vom Baum pflücken kann.

Mit hoch erhobenen Armen greifst du nach oben in die Luft, als wolltest du Äpfel pflücken. Das lockert deine Schultermuskulatur. ▶

◀ Lass die Arme vorwärts und rückwärts neben deinem Körper kreisen. Das bringt viele Muskeln auf Trab!

# So lerne ich reiten

Immer schön locker bleiben! Stütz deine Hände in die Hüften und dreh deinen Körper ein paar Mal nach links und rechts. ▶

◀ Leg dich weit nach vorne und stütz dich auf dem Pferdehals ab. Das ist eine gute Dehnübung. Richte dich dann langsam wieder auf.

Sich nach hinten mit dem Kopf auf die Kruppe zu legen – dazu gehört auch ein bisschen Mut! Du kannst es zuerst auf dem stehenden Pferd probieren. ▶

Geschafft! Jetzt wirst du gleich in der Anfängerabteilung zum ersten Mal ohne Longe reiten. Das ist ein bisschen, wie wenn man beim Fahrrad die Stützräder weglässt. Denn nun musst du dem Pferd ganz allein mit den Hilfen sagen, was es tun soll. Und kennst du die Regeln für die Reithalle? Komm mit!

Nun hältst du selbst die Zügel in der Hand und gibst Hilfen. Sicher klappt nicht alles von Anfang an. Lass dir und deinem Pferd Zeit, euch zu verstehen. ▶

Der hintere Reiter muss immer eine Pferdelänge Abstand halten. Das vordere Pferd kann sich sonst bedroht fühlen und ausschlagen. ▼

# So lerne ich reiten

**Erste Hallenregel:** Wenn du die Bahn betreten willst, vergewissere dich, dass niemand in der Nähe der Tür ist. Rufe „Tür frei, bitte!“ und warte auf die Antwort „Tür ist frei!“

**Zweite Regel:** Steige immer in der Mitte der Bahn auf oder ab. So störst du keine anderen Reiter.

**Dritte Regel:** Der erste Hufschlag gehört immer dem Schnellsten. Die Langsameren reiten ein wenig weiter innen auf dem zweiten Hufschlag.

Die Reitstunde ist vorbei. Auch jetzt musst du für dein Pferd noch da sein. Sattele es sorgfältig ab, kontrolliere die Hufe und bürste sein verschwitztes Fell auf. Und vergiss auch das Leckerli nicht – als kleines Dankeschön!
Dann wird es sich freuen, wenn es dich das nächste Mal wiedersieht.

# So lerne ich reiten

◀ Zum Absteigen nimmst du beide Füße aus den Steigbügeln. Das rechte Bein schwingst du über die Kruppe …

… und landest federnd mit beiden Beinen auf dem Boden. Den Zügel hältst du dabei fest. ▶

Das Trensengebiss sollte wieder ganz sauber werden! ▼

▲ Bevor du dein Pferd aus der Bahn führst, ziehst du die Steigbügel hoch und lockerst den Sattelgurt.

Wenn das Pferd abgesattelt ist, sieht man die **Schweißflecken** dort, wo der Sattel gelegen hat.

Mit lauwarmem Wasser und einem Schwamm wird zuerst die **Sattellage** gewaschen.

Als Nächstes werden die Beine gewaschen. Für den Schmutz an den Hufen kannst du auch eine **Waschbürste** nehmen.

## Aufgepasst!

Kaltes Wasser an den Beinen und am Bauch können viele Pferde nicht leiden. Also pass beim Waschen auf!

# So lerne ich reiten

Wenn es regnet oder kalt ist, fühlt sich das Pferd nach dem Reiten unter einer **Abschwitzdecke** wohl. Sie transportiert die Feuchtigkeit nach außen und hält den Körper warm. ▼

▲ Nach dem Reiten muss kontrolliert werden, ob das Pferd Schwellungen oder **Verletzungen** hat. Auch das gehört zu einer sorgfältigen Pflege.

Das **Auskratzen** der Hufe nach dem Reiten ist besonders wichtig. Es dürfen keine Steine im Huf zurückbleiben, weil sie Schmerzen und Druckstellen verursachen können. ▶

Nicht nur das Pferd, auch das Sattelzeug muss regelmäßig gut gepflegt werden. So bleibt es geschmeidig und hält lange. Aber wie pflegt man das wertvolle Leder?

## Aufgepasst!

Sprödes, rissiges Leder sieht nicht nur ungepflegt aus, es ist auch gefährlich. Zum Beispiel, wenn ein Zügel reißt.

Mit Sattelseife wird das Leder von Sattel und Trense wieder sauber. Lederfett hält es geschmeidig. Die verschmutzte Satteldecke kommt ab und zu in die Waschmaschine. ▶

▲ Nach dem Reiten wird das Gebiss der Trense gewaschen. Das Leder soll dabei nicht nass werden.

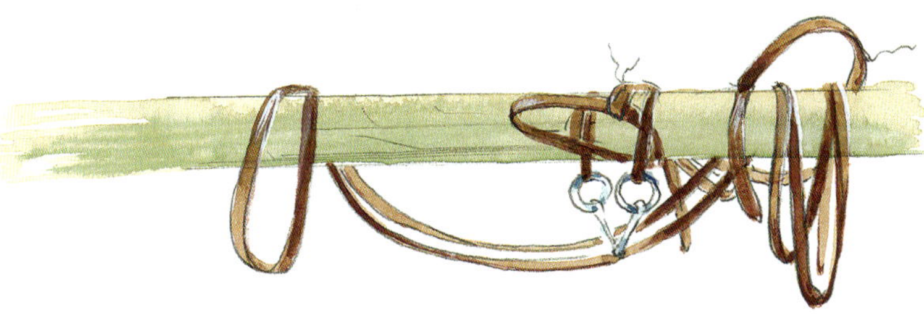

◀ Ist eine Naht am Sattel aufgegangen oder ein Zügel kaputt? Das muss sofort repariert werden, damit es nicht in der nächsten Reitstunde reißt!

# So spricht mein Pony

Grimassen schneiden ist ein lustiges Spiel. Du weißt sofort, ob deine Freunde versuchen, fröhliche, ernste oder traurige Gesichter zu machen. Auch Pferden sieht man an, ob sie freundlich, zornig oder etwa müde sind. Schau nur genau hin, dann kannst du den Ausdruck eines Pferdegesichtes bald verstehen!

▲ „Hallo, da kommt mein Mensch!" **Aufmerksam** und neugierig blickt dieses Pferd. Seine Ohren stehen nach vorne, es macht ein freundliches Gesicht.

Mit dieser Stute ist heute nicht zu spaßen, sie macht ihr **Drohgesicht.** Die Ohren sind angelegt, die Nüstern hochgezogen, der Gesichtsausdruck angespannt. Vorsicht, sie könnte beißen! ▼

„Ja, kraul mich bitte weiter!“ Diese Stute **genießt** das Schmusen sehr. Die Augen sind halb geschlossen, genüsslich verzieht sie die Oberlippe. ▶

▲ Dieser Hengst **döst.** Er macht ein entspanntes Gesicht. Die Augen sind halb geschlossen, die Ohren zur Seite gedreht. Die Unterlippe hängt ein wenig nach unten.

„Mmh, sehr interessant!“ Dieser Hengst lacht nicht, sondern **flehmt.** Er hat einen ganz besonderen Duft in die Nase bekommen. ▼

Ganz **verunsichert** schaut dieses Pferd. Vielleicht ist es neu in den Stall gekommen? Ein Ohr horcht nach hinten, es blickt ziemlich ängstlich. ▲

◀ **Aufgeregt** schaut dieses Pferd. Es sieht, wie seine Freunde zu einem Ausritt verschwinden. Nun lauscht es gespannt und blickt seinen Kameraden hinterher.

# So spricht mein Pony

Wenn du Reiten lernen willst, nützt es leider nichts, wenn du dazu deinem Pferd aus einem Buch zum Reitenlernen vorliest. Es wird dich nicht verstehen, das wäre ja auch zu schön. Aber es gibt viele andere Arten, wie du dich mit deinem Pferd verständigen kannst. Schau mal!

▲ „Braaav!“, „Haalt!“ oder ein aufmunterndes Schnalzen: Deine **Stimme** erreicht die empfindlichen Pferdeohren sofort. Pferde lieben leise Töne.

Beim Reiten lenkst du dein Pferd nicht mit der Stimme, sondern sagst ihm durch deinen **Körper** und die **Zügel,** was du von ihm möchtest. ▶

◀ **Leckerli** solltest du eher selten als Lob einsetzen, damit dein Pferd nicht ständig um mehr bettelt. Und wenn du etwas nicht möchtest, ist manchmal auch ein kurzes, **klares „Nein“** notwendig.

„Ruhig!“ Befehle, auch **Stimmkommandos** genannt, versteht das Pferd schnell, wenn du immer die gleichen Worte verwendest. ▶

◀ Ein Pferd liebt **sanfte Berührungen.** So kannst du es prima loben. Hastiges oder grobes Klatschen auf Hals oder Kopf mag es gar nicht.

# So spricht mein Pony

Hallo, da ist ja Paul! Schon von weitem winkt er mit beiden Armen, damit die Freunde wissen, dass sie ihr Ziel gleich erreicht haben. Er spricht mit ihnen durch seinen Körper. Auch Pferde reagieren auf die Körpersprache des Menschen. Schau genau hin!

Ein erstaunliches Experiment! Wenn ein Mensch sich **auf allen Vieren** fortbewegt, wird er für die Pferde sofort zum furchterregenden Raubtier. ▶

◀ „Haaalt!“ Das freche Shetty hat sich losgerissen. Die **erhobenen Arme** zeigen ihm, dass es anhalten soll.

Auch beim Führen kannst du mit deinem Körper zu einem Pferd sprechen: Der **vor den Kopf geführte Arm** ist wie eine Barriere und bedeutet: „Langsamer!" ▶

◀ Pferde sind ganz **genaue Beobachter.** Sie sehen an deinen Gesten und deiner Körperhaltung, ob du es wirklich ernst meinst. Tritt also deinem Pferd freundlich, aber selbstbewusst entgegen!

Deine **Körperhaltung** sagt deinem Pferd sofort, wenn du mal traurig bist oder schlechte Laune hast. Vielleicht kann es dich dann ja auch ein bisschen trösten? ▼

# Ponys

## Camargue-Pferd

**ist zwischen 1,35 und 1,45 Meter groß und stammt aus der südfranzösischen Region Camargue.**

Das Camargue-Pferd hat ein auffälliges Merkmal: sein weißes Fell. Die Herden heben sich wie weiße Farbkleckse von den grünen Wiesen der Camargue ab. Einige Camargue-Pferde sind klein und kompakt mit kurzen Beinen. Andere sind leichter gebaut und hochbeiniger.

## Dales Pony

**ist zwischen 1,44 und 1,50 Meter groß. Es stammt aus dem Hochland Englands.**

Das Dales Pony ist unheimlich kräftig. Ein langer Schopf und eine volle Mähne umspielen seinen eleganten Kopf. Die kleinen Ponyohren sind leicht nach innen gekrümmt. Rappen, Schwarzbraune, Braune und Schimmel kommen am häufigsten vor. Die gut geformten Hufe sind hart und trittsicher.

## Connemara-Pony

**ist ca. 1,44 Meter groß. Es stammt aus der steinigen Hügellandschaft Westirlands.**

Das Connemara-Pony ist groß genug für Kinder, Jugendliche und Erwachsene. Schimmel und Falben sind am häufigsten. Es gibt auch braune Connemara-Ponys. Rappen und Füchse sind selten. Aufgrund der Rückenform sind Connemaras bequem zu reiten.

## Dartmoor Pony

**wird maximal 1,27 Meter groß. Seine Heimat ist England.**

Das Dartmoor Pony trägt auf seinem hübschen Kopf niedliche kleine Ohren. Diese Ponys sind besonders intelligent. Der Hals der überwiegend braunen Tiere ist gut geformt. An der Hinterhand sitzen starke Muskeln. Kleine harte Hufe bilden den Abschluss der stabilen Beine.

## Deutsches Reitpony

**wird zwischen 1,22 Meter und 1,45 Meter groß. Wie der Name schon sagt, kommt es aus Deutschland.**
Mit seiner Größe gehört das Deutsche Reitpony zu den mittelgroßen bis großen Ponyrassen. Sein Körperbau ist elegant und sportlich. Es gibt auffallend viele Schimmel, aber auch andere Farben. Der ausdrucksvolle Kopf des Deutschen Reitponys verrät Temperament und Adel.

## Exmoor Pony

**wird zwischen 1,20 Meter und 1,30 Meter groß und stammt aus dem Südwesten Englands.**
Das Exmoor Pony ist eher klein. Der ponytypische Kopf zeigt gut entwickelte Kiefer, die großen Zähnen Platz bieten. Der Rücken ist kurz und kräftig. Die Hinterhand hat starke Muskeln. Die teilweise aufgehellte Fellfarbe reicht von hellen bis zu dunklen Brauntönen.

## Dülmener Wildpferd

**wird maximal 1,40 Meter groß. Es stammt, wie sein Name schon sagt, aus der Nähe von Dülmen in Westfalen.**
Das Dülmener Wildpferd ist meistens ein Mausfalbe. Sein Fell hat eine beige bis graue Farbe. Es gibt auch Gelb- und Braunfalben. Dunkelbraune Tiere sind sehr selten. Auf dem Rücken verläuft ein dunkler Fell-Streifen, der Aalstrich. Einige haben auch Zebrastreifen an den Beinen und ein helles „Mehlmaul". Es sieht aus, als ob das Pony sein Maul in einen Mehlsack gesteckt hätte.

## Fjordpferd

**wird 1,38 bis 1,48 Meter groß. Es stammt von den Wikingerpferden aus Norwegen ab.**
Das Fjordpferd ist falbfarben und hat einen dunklen Aalstrich, der sich vom Schweifansatz bis zur Mähne zieht. Manchmal sind an seinen Beinen dunkle Zebrastreifen zu sehen. Dunkle, freundliche Augen sind ebenfalls typisch für die „Fjordis".

# Ponys

## Haflinger

**wird zwischen 1,40 und 1,50 Meter groß.**
**Seine Heimat sind die Berge Tirols.**

Das markanteste Merkmal des Haflingers sind seine blonde Mähne und Schweif. Das Körperfell reicht vom hellen „Lichtfuchs“ bis hin zum „Dunkelfuchs“, so bezeichnet man besonders hell- bzw. besonders dunkelrote Füchse. Haflinger sind muskulös und sehr lieb.

## Islandpferd

**wird ungefähr 1,38 Meter groß. Und stammt, wie sein Name schon sagt, aus Island.**

Ein üppiger Schopf, eine wuschelige Mähne und ein stolzer Blick sind typisch für das Islandpferd. Trotz seiner eher kleinen Größe ist es ausgesprochen kräftig. An den Beinen des Islandpferdes wachsen dichte Haarbüschel, die sogenannten Kötenbehänge.

## Highland Pony

**wird zwischen 1,32 und 1,48 Meter groß und kommt aus Schottland.**

Das Highland Pony ist für seine Körpergröße ein schwerer Brocken. Es wiegt bis zu 600 Kilogramm. Besonders verbreitet sind Gelb-, Maus- und Dunkelfalben, die oft Aalstriche und Zebrastreifen an den Beinen haben sowie Schimmel.

## Lewitzer

**wird zwischen 1,30 und 1,48 Meter groß.**
**Die Rasse stammt aus der ehemaligen Deutschen Demokratischen Republik (DDR).**

Der Lewitzer ist bunt. Meistens hat er eine ruhige, großflächige Scheckung. Sein kleiner, ausdrucksvoller Kopf sitzt auf einem mittellangen, leicht gebogenen Hals. Ein bequemer Rücken, starke Schultern und eine lange Kruppe machen Lewitzer zu guten Reitpferden.

## New Forest Pony

**wird maximal 1,48 Meter groß und lebt in Südengland.**

Das New Forest Pony gibt es in fast allen Farben. Nur Schecken sind nicht zu finden. Die schräge Schulter ermöglicht schwungvolle Bewegungen. Der kräftige Popo, die Kruppe, hat viele Muskeln. Starke Knochen sowie harte, runde Hufe sind typisch für diese Rasse.

## Tinker Pony

**wird 1,35 bis 1,60 Meter groß und stammt aus Irland.**

Große schwarz-weiße Flecken, lange Mähnen und üppige Schweife sind typisch für Tinker Ponys, wie die buschigen Haarbüschel an den Beinen und ein kräftiger Körperbau. Es gibt allerdings auch Tinker in anderen Farben.

## Shetland Pony

**wird höchstens 1,07 Meter groß. Es kommt von den Shetland Inseln vor der englischen Küste.**

Der kleine Ponykopf des Shetland Ponys mit den winzigen, aufrechten Ohren wird stolz getragen. Stirn und Maul sind eher breit. Dazu passen die großen, offenen Nüstern. Der Körper ist stämmig-rund und steht auf kurzen, kräftigen Beinchen. Shettys sind die stärksten Pferde der Welt – zumindest, wenn man ihre Kraft im Verhältnis zur Körpergröße misst.

## Welsh Pony

**gibt es in vier Größen, durchschnittlich von 1,22 bis 1,55 Meter. Es stammt aus England.**

Je nach ihrer Größe nennt man sie Welsh Mountain Pony, Welsh Pony, Welsh Pony im Cob Typ und Welsh Cob. Typische Kennzeichen dieser Rasse sind edle Köpfe und schön geschwungene Hälse. Ihre Popos, die sogenannten Kruppen, sind rund und kräftig.

# Vollblüter

## Anglo-Araber

**wird bis zu 1,65 Meter groß und stammt ursprünglich aus Frankreich.**

Der Anglo-Araber besticht durch Eleganz und Ausdruckskraft. Mit seiner Größe kann er sich neben anderen warmblütigen Sportpferderassen behaupten. Typisch für die Rasse sind gut geformte Hälse und lange, schräge Schultern. Der Popo, die Kruppe, fällt leicht ab und geht in einen elegant getragenen Schweif über.

## Englisches Vollblut

**wird zwischen 1,50 und 1,73 Meter groß und stammt, wie der Name schon sagt, aus England.**

Beim Englischen Vollblut sind Braune und Füchse die häufigsten Farben. Schimmel und Rappen gibt es eher selten. Die Rennsport-Profis haben edle Köpfe und einen höchst aufmerksamen Augenausdruck. Ihre Hinterhand hat starke Muskeln.

## Vollblutaraber

**wird zwischen 1,40 und 1,56 Meter groß. Er stammt von der arabischen Halbinsel.**

Der Kopf des Vollblutarabers ist klein und elegant. Die Nasenlinie verläuft nach innen gewölbt. Die großen Augen des Pferdes sind ausdrucksvoll. Auch die Nüstern haben eine beachtliche Größe. Der Hals ist geschwungen wie der eines Schwanes. Der Schweif wird oft hoch aufgerichtet getragen.

# Warmblüter

## Hannoveraner

**wird um die 1,65 Meter groß. Die Rasse stammt aus der Hauptstadt Niedersachsens – Hannover.**
Der Hannoveraner ist länger als hoch und ist heute bei Sportpferden der beliebteste Typ. Braune, Rappen, Füchse und Schimmel gibt es am häufigsten. Der Kopf des Warmbluts wirkt fein und ausdrucksvoll. Sein Hals ist lang und schlank. Die kleinen bis mittelgroßen Hufe haben auffallend hohe Trachten. Trachten nennt man die hintere Begrenzung des Hufes.

## Hessisches Warmblut

**wird zwischen 1,63 und 1,65 Meter groß. Wie man am Namen erkennt, kommt die Rasse aus Hessen.**
Das Hessische Warmblut hat neben seiner stattlichen Größe eine besonders lange Hals- und Rückenlinie. Es gibt Braune, Füchse, Rappen, Schimmel und Schecken. Der Körperbau ist eher rechteckig. Das Kopfprofil verläuft gerade, der Hals ist lang und gut geformt. Hessische Warmblüter haben schwungvolle Grundgangarten (Schritt, Trab und Galopp) und springen gut.

## Holsteiner

**wird zwischen 1,65 und 1,75 Meter groß. Die Rasse hat ihren Ursprung seit über 700 Jahren in Holstein.**
Der Holsteiner ist ein großes Pferd mit recht langer Hals- und Rückenlinie. Pferdekenner nennen das „großrahmig“. Der ausdrucksvolle Kopf wird von einem kräftigen Hals getragen. Schultern und Brust sind ebenfalls sehr kräftig. Es gibt alle Farben außer Schecken.

# Warmblüter

## Hunter

**wird meistens über 1,65 Meter groß. Er stammt aus Irland und von den britischen Inseln.**
Der Hunter kommt in vielen verschiedenen Farben vor. Eine schräg gelagerte Schulter und ein wohlgeformter Rücken machen ihn zu einem bequemen Reitpferd. Der Kopf des Hunters ist nicht unbedingt edel, passt aber gut zu seinem stattlichen Körper.

## Rheinisches Warmblut

**kann bis zu 1,80 Meter erreichen. Wie sein Name sagt, kommt es aus dem Rheinland.**
Das Rheinische Warmblut gibt es in vielen Farben, vom Rappen bis zum Schimmel. Sein Widerrist – das ist der Übergang vom Hals zum Rücken – ist ausgeprägt und lang, er geht in einen starken Rücken über. Ein edler Kopf ist erwünscht, ebenso wie ein langer, stolz getragener Hals.

## Oldenburger

**wird zwischen 1,65 und 1,79 Meter groß. Er stammt aus Oldenburg in Niedersachsen.**
Der Oldenburger ist ein sehr großes Warmblut. Früher gab es nur Rappen, Schwarzbraune und Braune. Heute freuen sich Oldenburger-Freunde auch über Füchse und Schimmel. Der einst so schwere Körperbau ist leichter geworden. Der feine, ausdrucksvolle Kopf sitzt auf einem langen, schlanken Hals.

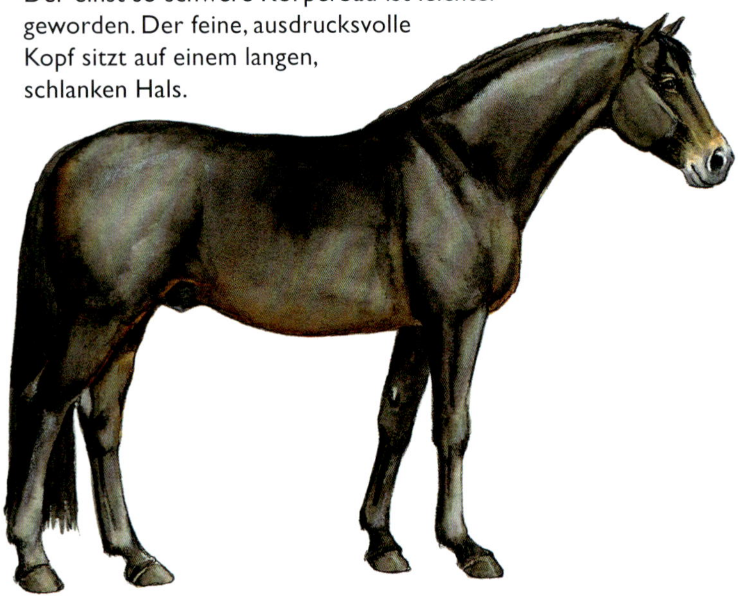

## Traber

**wird zwischen 1,45 und 1,75 Meter groß. Die deutsche Traberzucht geht auf Pferde aus den USA, Frankreich und Russland zurück.**
Traber sehen sehr unterschiedlich aus. Es gibt elegant gebaute Vollbluttypen, leichte Warmbluttypen und kompakte Kraftpakete. Farblich dominieren braune Traber, es gibt aber auch Füchse und Rappen. Schimmel sind eher selten.

## Trakehner

**wird 1,60 bis 1,70 Meter groß und stammt aus Deutschland.**

Der Trakehner gilt als eine der edelsten deutschen Pferderassen. Er ist der perfekte Partner für anspruchsvolle, erfahrene Reiter. Es gibt ihn in fast allen Farben, sogar als Schecken. Der Kopf ist elegant und ausdrucksvoll. Dazu passt der stolz getragene Hals. Eine lange, schräge Schulter und ein kräftiger Rücken lassen Trakehner in vielen Disziplinen glänzen. Früher machten Trakehner als Kavalleriepferde beim Militär Karriere. Heute freuen sich ehrgeizige Sportreiter über die Härte, die Ausdauer und das enorme Bewegungsvermögen der Rasse.

## Westfale

**wird zwischen 1,65 und 1,72 Meter groß. Er kommt aus Warendorf in Westfalen.**

Der Westfale zeichnet sich durch einen stabilen Rücken und eine starke Kruppe mit vielen Muskeln aus. Sein Kopf ist mittelgroß und wird von einem langen, gut geformten Hals getragen. Die meisten Westfalen sind Braune oder Füchse. Rappen und Schimmel kommen seltener vor. Starke Nerven und ein freundliches Wesen zeichnen die Rasse aus.

## Württemberger

**wird bis zu 1,63 Meter groß. Er stammt aus dem baden-württembergischen Marbach.**

Der Württemberger gehört mit seiner Größe zu den kleineren deutschen Warmblütern. Die Füchse, Braunen, Rappen und Schimmel haben nicht immer einen edlen Kopf. Dafür ist der Hals jedoch gut geformt und auch die schräge Schulter sowie die kräftige Kruppe bringen sportliche Pluspunkte.

# Kaltblüter

## Brabanter

**wird über 1,70 Meter groß.**
**Die Rasse kommt aus Belgien.**
Der Brabanter ist meistens ein Braunschimmel und ein schwerer Brocken. Er bringt mehr als 1000 Kilogramm auf die Waage. Sein Kopf ist groß und schwer. Der Hals ist kurz und sehr muskulös. Typisch ist die üppige Doppelmähne, die zu beiden Seiten des Halses fällt. Die Kruppe ist sehr groß.

## Bretone

**wird zwischen 1,50 und 1,60 groß.**
**Die Rasse stammt aus Frankreich.**
Bretonen gibt es in allen Farben. Schimmel, Füchse und Braune sind am häufigsten. Genau genommen gibt es drei Typen: den extrem schwer gebauten Trait Breton, den etwas kleineren und leichter gebauten Petit Trait Breton und den leichten Postier. Typisch sind starke, kurze Hälse und stämmige Beine ohne Fesselbehang – das sind lange Haare im unteren Bereich der Beine.

## Freiberger

**wird zwischen 1,50 und 1,60 Meter groß und stammt aus der Schweiz.**
Der Freiberger ist meistens braun. Manchmal aber auch fuchsfarben und ganz selten gescheckt. Edle, leichte Köpfe gehören ebenso zur Rasse wie der nicht so lange Hals und der kräftige Rücken. In der Kruppe steckt jede Menge Kraft. Freiberger haben sich in den letzten Jahrzehnten immer mehr zum Reitpferd entwickelt.

## Normanne

**wird zwischen 1,60 und 1,70 Meter groß.**
**Die Rasse stammt aus Frankreich.**

Die häufigste Farbe des Normannen ist Braun, Rappen und Füchse kommen seltener vor. Der Kopf ist grob und hat oft eine nach außen gewölbte Nasenlinie. Dazu kommen kleine Augen und lange Ohren. Der Hals ist kurz und muskulös. Ein kurzer, starker Rücken und eine starke Kruppe mit großen Muskeln sind typisch für die Rasse.

## Rheinisch-Deutsches Kaltblut

**wird zwischen 1,65 und 1,70 Meter groß.**
**Es stammt aus dem Rheinland.**

Das Rheinisch-Deutsche Kaltblut beeindruckt auf den ersten Blick mit seiner Größe. Sein Kopf ist schwer, hat eine breite Stirn und ein gerades Profil. Die Augen sind klein und blicken gutmütig. Eine breite, tiefe Brust ist wichtig, ebenso wie muskelbepackte Schultern und ein tonnenförmiger Rumpf.

## Shire Horse

**wird normalerweise zwischen 1,70 und 1,95 Meter groß. Es kann aber auch über zwei Meter groß werden. Die Rasse stammt aus England.**

Das Shire Horse ist das größte Pferd der Welt. Der freundliche Gigant kann über zwei Meter groß werden. Sein Fell ist meistens schwarz. Es gibt aber auch Dunkelbraune und Schimmel. Am Kopf und an den Beinen haben Shires weißes Fell, sogenannte Abzeichen. Ihr Kopf ist groß und lang gestreckt. Der Hals ist lang und schön geschwungen.

# Spezialrassen

## Andalusier

**wird zwischen 1,55 und 1,62 Meter groß. Die Rasse stammt aus Spanien.**
Der Andalusier fällt durch seinen schönen, edlen Kopf auf. Diesen umspielt langes Schopf- und Mähnenhaar. Die Augen des Spaniers funkeln temperamentvoll. Schimmel und Braune sind am häufigsten – Rappen und Falben seltener. Der kräftige, stolz getragene Hals verleiht der Rasse einen stolzen Ausdruck.

## Berber

**wird durchschnittlich 1,50 Meter groß und stammt aus Nordafrika.**
Das Fell des Berbers ist meistens weiß, es gibt aber auch Füchse, Braune und Rappen. Typisch ist der mittelgroße Kopf, dessen Nasenlinie oft nach außen gewölbt ist. Wie auch der kräftige, gerade Hals, der kurze Rücken und der tief getragene Schweif. Die Hufe des Berbers sind sehr hart.

## Appaloosa

**wird zwischen 1,42 und 1,65 Meter groß. Die Rasse kommt aus den USA.**
Der Appaloosa kommt gleich in 13 verschiedenen Grundfarben daher. Dazu gesellen sich sechs verschiedene Zeichnungsmuster. Jedes Tier ist ein Unikat – es gibt keinen Appaloosa, der aussieht wie ein anderer. Die Pferde sind harmonisch gebaut und haben kleine Köpfe. Weltweit gibt es fast 700 000 von ihnen. Die meisten davon in den USA.

## Criollo

**wird durchschnittlich 1,44 Meter groß und stammt aus Argentinien.**
Der Criollo hat eine gerade oder nach außen gewölbte Nasenlinie. Außerdem einen starken Hals und eine tief liegende Brust. Auch der gerade Rücken, der tief getragene Schweif und die stabilen Beine sind rassetypisch. Wie auch der muskulöse Körper und die kleinen harten Hufe.

## Friese

**wird zwischen 1,55 und 1,75 Meter groß. Die Rasse stammt aus den Niederlanden.**

Friesen sind immer Rappen. Sie haben einen geschwungenen Hals, den sie stolz erhoben tragen. Den krönt meistens ein Fettwulst, der sogenannte Fettkamm, was den Hals noch eindrucksvoller macht. Der Kopf ist schön, aber oft recht lang. Die Nasenlinie verläuft gerade oder nach außen gewölbt.

## Lipizzaner

**wird zwischen 1,57 und 1,62 Meter groß und stammt aus Slowenien.**

Lipizzaner sind meistens Schimmel, aber es gibt auch Rappen und Braune. Ihr ausdrucksvoller Kopf ist lang gestreckt und hat oft ein nach außen gewölbtes Profil. Der Körper wirkt mit dem wenig ausgeprägten Widerrist und muskulösen Rücken recht kompakt.

## Knabstrupper

**wird zwischen 1,55 und 1,63 Meter groß und stammt aus Dänemark.**

Der Knabstrupper ist meistens ein Braun-, Fuchs- oder Rapptiger, das heißt, dass sein Fell über und über mit dunklen Flecken übersät ist. Es gibt aber auch einfarbige Pferde. Sein Kopf ist klein und hat oft eine nach außen gewölbte Nasenlinie. Er sitzt auf einem stolz getragenen Hals. Der lange Rücken endet in einer muskulösen Kruppe.

## Lusitano

**wird zwischen 1,52 und 1,65 Meter groß und stammt aus Portugal.**

Der Lusitano hat einen kurzen Rücken und eine muskulöse Kruppe. Braune und Schimmel sind am häufigsten. Seltener gibt es Rappen, Dunkelfüchse, Falben und blauäugige Isabellen. Isabellen sind ganz helle Pferde mit gleichfarbiger oder silberweißer Mähne und Schweif.

# Spezialrassen

## Mustang

**wird zwischen 1,40 und 1,50 Meter groß.**
**Die Rasse gelangte mit den spanischen Eroberern nach Nordamerika.**

Mustangs gibt es in allen Farben. Typisch sind kleine, harte Hufe, die ein Leben lang ohne Hufschmied auskommen. Die Nasenlinie der Mustangs ist oft leicht nach außen gewölbt. Der Hals wird eher gerade als stolz erhoben getragen. Kräftige Rücken und abfallende Kruppen sind verbreitet.

## Paso Peruano

**wird durchschnittlich 1,55 Meter groß und stammt aus Südamerika.**

Paso Peruanos gibt es in allen Farben außer als Schecken. Die schicken Peruaner haben mittelgroße, gerade oder leicht nach außen gewölbte Köpfe. Ihr Hals ist hoch aufgerichtet und gerade. Der Rücken ist kurz. Die lange, schräge Schulter ermöglicht weit ausholende Gänge.

## Paint Horse

**wird zwischen 1,45 und 1,65 Meter groß.**
**Die Rasse stammt aus den USA.**

Das Paint Horse ist immer gescheckt. Ein kleiner, keilförmiger Kopf ist rassetypisch. Wie auch der lange, schön geformte Hals. Die schräge, muskulöse Schulter und der kurze kräftige Rücken machen das Paint Horse zu einem richtigen Energiebündel.

## Pinto

**wird zwischen 1,18 und 1,65 Meter groß.**
**Da es gar keine „richtige" Rasse ist, gibt es auch kein Ursprungsland.**

Pintos können ganz verschiedenen Rassen angehören. Die kleinsten sind gerade einmal 1,18 Meter groß, andere sind 1,65 Meter. Es gibt arabisch geprägte Typen, im Warmblut-Typ stehende Pferde, Ponys und auch Gangpferde. Sogar schwere Kaltbluttypen sind mit von der Partie.

## Przewalski-Pferd

**wird zwischen 1,34 und 1,46 Meter groß.**
**Die Rasse stammt aus der Mongolei in Asien.**
Przewalski-Pferde sind rötlichbraun bis gelblichbraun. Mähne, Schweif und Beine sind dunkel. Das urwüchsige Wildpferd hat zwar keinen Schopf, dafür aber eine kecke Stehmähne. Das Maul ist hell abgegrenzt. Nach außen gewölbte Nasenlinien – sogenannte Ramsköpfe – sind oft zu sehen, wie auch kleine, hoch sitzende Augen. Rassetypisch sind der dunkle Aalstrich, der sich entlang der Wirbelsäule zieht, und Zebrastreifen an den Beinen.

## Tennessee Walking Horse

**wird zwischen 1,55 und 1,65 Meter groß.**
**Es stammt aus den USA.**
Bei den Tennessee Walking Horses ist ihr hoch getragener Schweif sehr auffällig. Ihr Hals wird ebenfalls hoch getragen. Der Kopf ist edel und hat kleine Ohren. Eine lange Schulter ist wichtig, ebenso wie ein relativ kurzer Rücken und eine kurze Kruppe.

## Quarter Horse

**wird zwischen 1,45 und 1,60 Meter groß.**
**Die Rasse kommt aus den USA.**
Das Quarter Horse ist rechteckig gebaut. Sein Rücken bietet viel Platz für den Sattel. Die schräge Schulter ist ausgeprägt, der mittellange Rücken geht in eine starke Kruppe über. Die Pferde gibt es in allen Farben, außer als Schecken. Typisch sind ein kurzer, kleiner Kopf und ein fast waagerecht zum Boden verlaufender Hals.

Umschlaggestaltung von Init GmbH, Bielefeld unter Verwendung von Illustrationen von Milada Krautmann.

Innenillustrationen von Milada Krautmann und 55 Pferderassenillustrationen von Esther von Hacht.

Unser gesamtes lieferbares Programm und viele weitere Informationen zu unseren Büchern, Spielen, Experimentierkästen, DVDs, Autoren und Aktivitäten findest du unter **www.kosmos.de**

MIX
Papier aus verantwortungsvollen Quellen
FSC® C084279


ISBN 978-3-440-14801-3
Überarbeitung: Teresa Baethmann, Sigrid Walter
Produktion: Verena Schmynec
Printed in Slovakia / Imprimé en Slovaquie